나무 집 FUN BOOK 1

앤디 그리피스 글, 테리 덴톤 그림 | 장혜란 옮김

자기소개 하기

이젠 네 차례야.
얼굴을 그리고, 이름도 알려 줄래?

안녕, 나는

키우고 있거나, 키우고 싶은
애완동물을 같이 소개해도 돼.

좋아하는 것 그리기

넌 뭘 좋아하니?

나는 _____

_____

_____ 좋아해.

싫어하는 것 그리기

싫어하는 건 뭐야?
나한테만 말해 봐.

나는 _____

_____

_____

_____ 싫어해.

사는 곳 그리기

넌 어디에 사니?

누구랑 살고 있어?

키우는 애완동물이 있니?

나무 집이 더 높아진대요! 1탄!

내가 나무 집을 더 올려 짓는다면……

다 적었니? 그럼 다음 장으로 넘겨!

나무 집이 더 높아진대요! 2탄!

나무 집에서 놀아요!

나무 집에는 놀 거리들이 엄청 많아.
1부터 13까지 놀고 싶은 순서대로 숫자를 적어 봐.

☐ 만화책 보기

☐ 베개 싸움 하기

☐ 마시멜로 잔뜩 먹기

☐ 발명하기

☐ 덩굴 그네 타기

해야 할 일 적기

골라 먹는 재미! 아이스크림을 먹어요!

테리, 아이스크림 먹으러 가자.

좋은 생각이야, 앤디!

아, 안 돼! 몇 가지 아이스크림 맛이 사라졌어!

없애 버리기 전문가, 멍청씨 교수가 없애 버렸나 봐.

그럼, 독자 여러분한테 새로운 아이스크림 맛을 만들어 달라고 하면 어때?

좋은 생각이야, 질!

새로운 아이스크림 맛 만들기

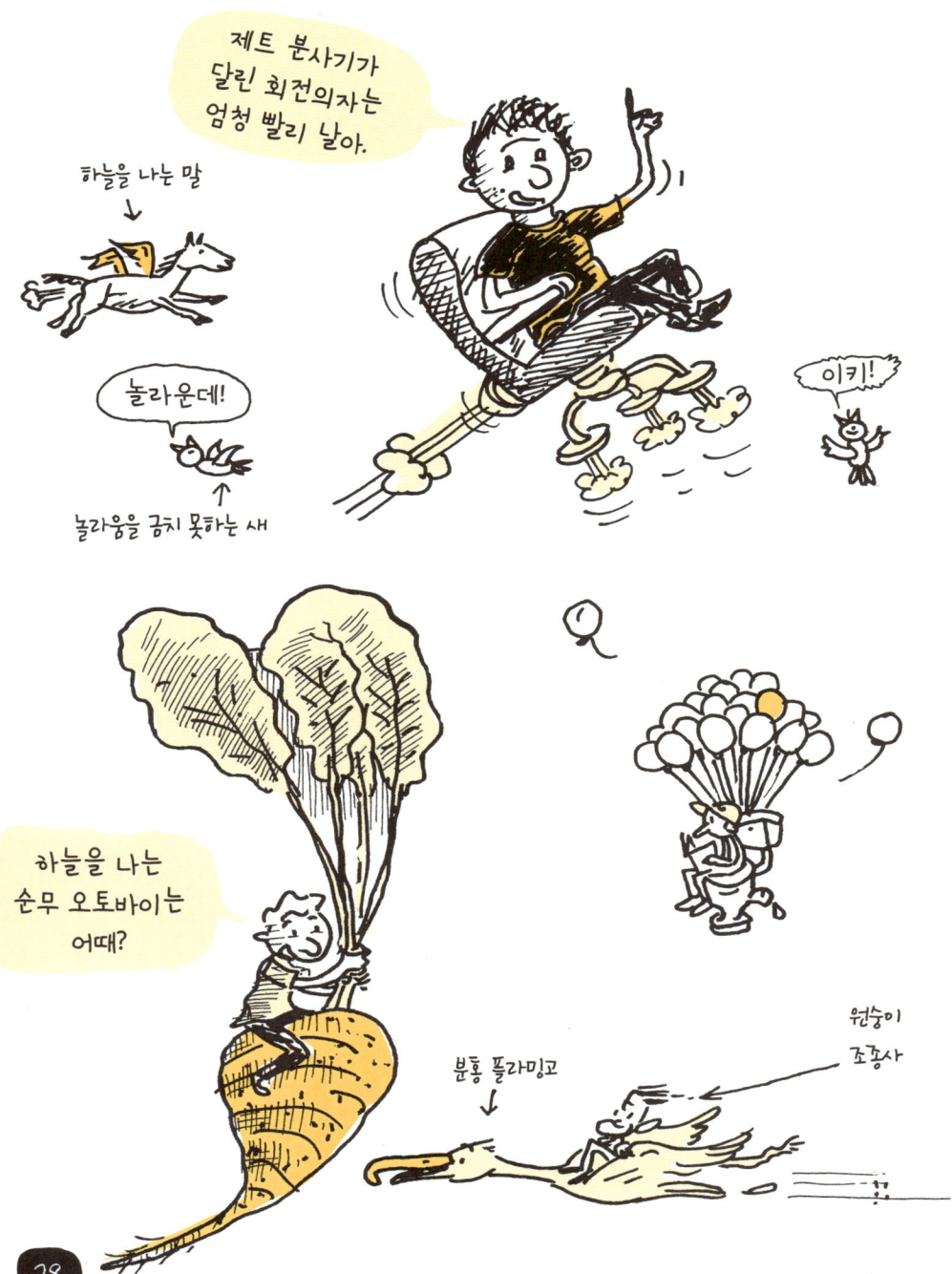

점 잇기 놀이

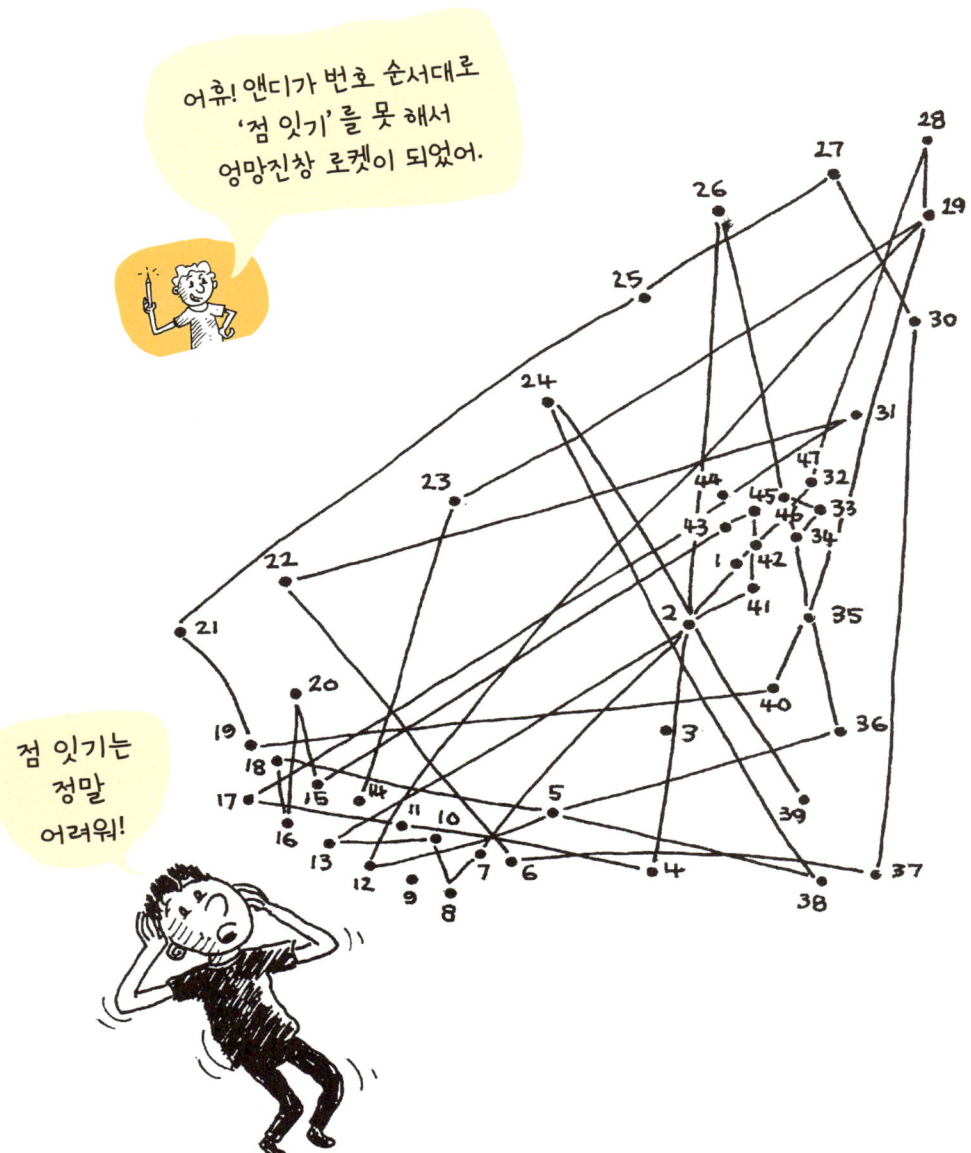

넌 앤디보다 잘할 수 있지? 파이팅!

막상 해 보면 쉽지 않을걸?

내가 해 볼게.

카운트다운 하기

 우리가 우주여행을 떠날 수 있게 카운트다운을 해 줄래?

 숫자를 거꾸로 세라고? 너무 어렵잖아!

10... 9...

로켓 발사!

우리 우주여행은 이랬어.

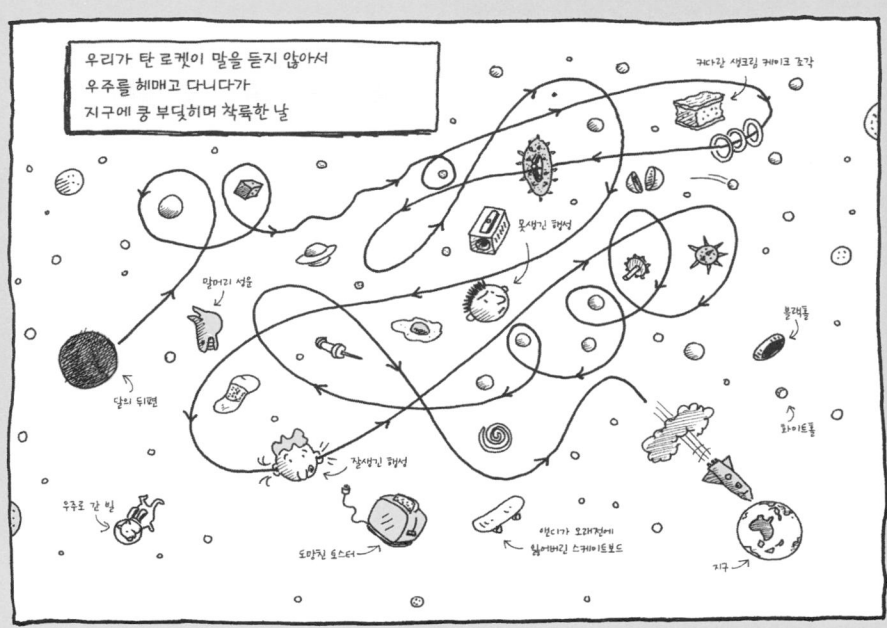

우주여행 그리기

 너만의 우주여행을 계획해 볼래?
마음껏 상상해 봐.

다른 그림 찾기! 1탄!

정답이 156쪽에
있다나 뭐라나.

식인 상어 그리기

멍청씨 교수는 못 말려!

멍청씨 교수가 도대체 뭘 또 없애 버린 걸까?

밑줄에 글로 쓰고 그림도 그려 봐.

장미는 빨갛고,
제비꽃은 파랗다.

나는 _____이 싫다.

그러므로 없애 버리겠다.

멍멍이의 왈왈 쇼

다른 그림 찾기! 2탄!

다른 곳이 13군데나 있대.
펭귄아, 진짜야?

엄마, 진짜 원숭이가 아닌 것 같아요.

쉿! 너무 크게 말하지 마,
기분 나쁠 수 있어.

닥치고 먹기나 해.

난 바나나 싫어.

경고 표지판 만들기

죽음의 미로를 탈출하라!
(할 수 있다면)

> 죽음의 미로 밖으로 나오는 길은 딱 한 가지뿐이야.

> 158쪽을 보면 빠져나올 수 있다옹.

넌 여기에 있어.

쑥쑥 커져라, 얍!

숨겨진 단어를 찾아라! 1탄!

〈제시 단어〉들을 가로세로, 대각선으로 찾아봐. 남는 글자들로 '13층 나무 집'과 관련된 단어 3개를 만들면 돼.

정답은 159쪽에 있다옹.

〈제시 단어〉

멍멍이의왈왈쇼
앤디, 테리, 실키
투명수영장, 비디오폰
인어아가씨, 빌아저씨
거대새총

식인상어수조
게임방
거대고릴라, 볼링장
거대바나나, 괴물인어
덩굴그네

레모네이드분수
바나나확대기
고나리아
바다원숭이
바다괴물축소기

쇼	마	기	대	확	나	나	바	아	키
왈	거	대	고	릴	라	다	리	실	투
왈	비	바	슈	퍼	괴	나	테	방	명
의	디	앤	다	물	고	물	임	식	수
이	오	덩	축	원	멜	게	인	분	영
멍	폰	소	굴	씨	숭	상	드	어	장
멍	기	지	가	그	어	이	가	링	총
비	밀	아	하	수	네	손	볼	락	새
시	어	실	조	모	빌	아	저	씨	대
인	실	험	레	로	나	나	바	대	거

정답

질의 집 색칠하기

맛있는 피자를 만들어요!

나만의 피자 만들기

동물들도 피자를 좋아해요!

동물들은 어떤 피자를 좋아할까?

숨겨진 단어를 찾아라! 2탄!

죽	디	아	이	스	스	케	이	트	장
비	음	장	기	경	탕	흙	진	선	기
베	개	의	방	임	게	오	리	테	경
식	인	력	미	모	네	머	이	자	카
상	중	선	레	로	무	오	드	동	퍼
반	집	적	고	나	리	아	디	판	범
어	무	해	르	배	퍼	줘	앤	박	에
로	나	분	곤	막	림	크	스	이	아
수	데	수	졸	키	볼	링	장	기	드
조	폰	오	라	실	음	녹	드	계	워

〈제시 단어〉

진흙탕경기장, 로데오
녹음실, 범퍼카경기장
고나리아, 죽음의미로
베개의방, 나무머리선장

고르곤졸라, 게임방
자동판박이기계, 실키
볼링장, 테리, 앤디
해적선, 나무집

아이스크림, 오리배
아이스스케이트장
반중력방

〈제시 단어〉들을 가로세로, 대각선으로 찾아봐. 남는 글자들로 '26층 나무 집'과 관련된 단어 4개를 만들면 돼.

정답은 160쪽에 있다옹.

정답 _____ _____

_____ _____

식인 상어 색칠하기

그림 솜씨를 뽐내요!

벌레 그리기

 자, 이젠 네 차례야.

 앤디보다는 잘 그릴 수 있지?

바나나 그리기

치즈랜드 색칠하기

노란색이 정말 많이 필요할 거야.

숨겨진 단어를 찾아라! 3탄!

〈제시 단어〉들을 가로세로, 대각선으로 찾아봐. 남는 글자들로 '39층 나무 집'과 관련된 단어 3개를 만들면 돼.

〈제시 단어〉

회전목마, 트램펄린
개구리하마, 나무집
뜨거운아이스크림
엑스레이방
이야기뚝딱기계

반중력방, 활화산
숟가락연필, 앤디
디스코장, 달의뒤편, 질
믿거나말거나박물관
순무오토바이

멍청씨교수
테리, 치즈랜드
볼링장, 대폭발

왈왈! (정답은 161쪽에!)

포	관	물	박	나	거	말	나	거	믿
수	폭	순	무	오	토	바	이	트	마
반	교	집	장	코	스	디	램	하	목
장	중	씨	릿	콜	초	펄	리	활	전
롤	링	력	청	스	린	구	화	테	회
러	코	볼	방	멍	개	산	드	달	리
뜨	거	운	아	이	스	크	림	의	드
터	디	생	일	카	레	대	질	뒤	랜
앤	필	연	락	가	숟	스	폭	편	즈
계	기	딱	뚝	기	야	이	엑	발	치

정답 _____ _____ _____

멋진 판박이를 해요!

나만의 판박이 만들어 보기

자판기로 어떤 판박이를 하고 싶니? 원하는 그림을 그려 봐.

다른 그림 찾기! 3탄!

슈퍼 손가락의 탄생!

테리와 난 '슈퍼 손가락'이라는 슈퍼 영웅을 만들어 냈어.

옛날 옛적에 손가락이 살았다. 하지만 그 손가락은 그냥 평범한 손가락이 아니었다. 바로 슈퍼 손가락이었다!

슈퍼 손가락은 어쩔 줄 몰라 하는 사람들을 도와주었다. 포장 끈을 풀어 주고, 길 잃은 사람에게 길을 알려 주고, 코가 막힌 사람의 코딱지도 파 주었다. 손가락이 하나 더 필요한 사람들이 있는 곳에는 언제나 슈퍼 손가락이 있었다!

슈퍼 영웅 만들기

 너도 슈퍼 영웅을 만들어 봐.

슈퍼 _____ 의 모험

 네 슈퍼 영웅은 어떤 능력을 가지고 있니?

_____
_____
_____
_____

기억을 떠올려요!

'기억의 방'에 있는 네 모습을 그려 봐.

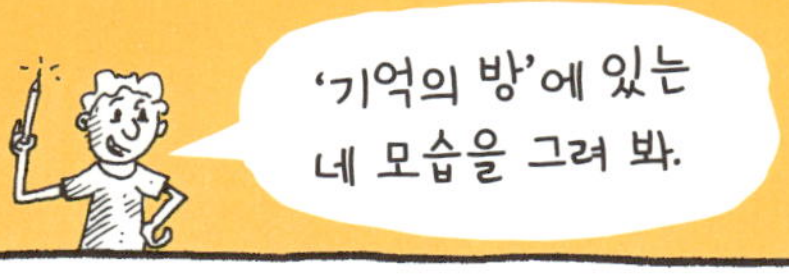

기억을 되살리는 유리 덮개

내 기억에……

기억이 떠올랐니? 그럼 아래 문장을 완성해 봐.

신나고 재미있었던 휴일은

엄청 부끄러웠을 때는

나한테 있었던 가장 웃긴 일은

나는 내가 뭘 까먹었는지 까먹었어.

정말로 무서웠던 때는

알쏭달쏭 나무 집 퀴즈!

최첨단 탐정 사무실에는 최첨단 보안 장치들이 설치돼 있어서 함부로 들어갈 수가 없어. 앤디와 테리에 관한 엄청 어려운 문제를 전부 푼다면 또 몰라도.

히호, 진짜 어렵다.

너! 그리고 너!

다음 문제를 몇 개나
맞힐 수 있을까?

1. 테리와 사랑에 빠진 바다 괴물의 이름은?

2. 앤디와 테리가 가장 끔찍해하는 일(직업)은?

3. 테리가 제일 좋아하는 TV 프로그램 제목은?

4. 테리는 실키를 무슨 색으로 칠했을까?

5. 앤디와 테리가 계약한 줄판사 사장의 이름은?

6. 앤디와 테리와 나를 사로잡은 해적 선장의 이름은?

7. 에드워드 막퍼쥐의 아이스크림 가게에는 몇 가지 맛 아이스크림이 있을까?

난 다 맞혔지롱.
163쪽을 봐.

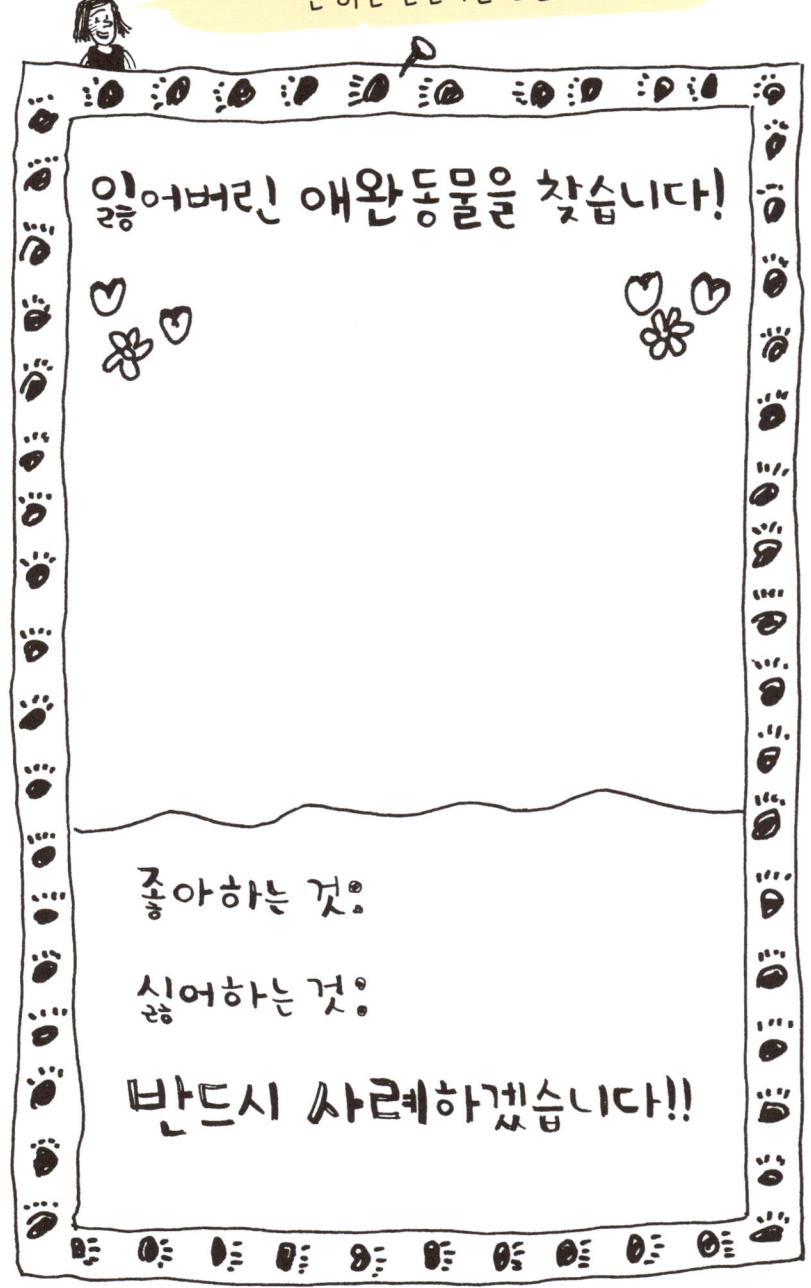

다른 그림 찾기! 4탄!

숨겨진 단어를 찾아라! 4탄!

<제시 단어>들을 가로세로, 대각선으로 찾아봐. 남는 글자들로 '52층 나무 집'과 관련된 단어 4개를 만들면 돼.

165촉이다.
꿀꿀.

<제시 단어>

우체부빌아저씨, 질수박깨뜨리기방, 유령의집당근발사기, 나무집, 테리생일축하나비

전기톱저글링방, 감자왕자, 풍선인형앤디, 최첨단탐정사무실기억의방, 만능변장기계

채소질색, 큰코출판사뱀사다리게임방닌자달팽이파도타기

기	실	무	사	정	탐	단	첨	최	앤
질	억	집	만	능	변	장	기	계	디
비	무	의	우	체	부	빌	아	저	씨
나	큰	령	방	임	게	리	다	사	뱀
하	코	유	링	기	사	발	근	당	형
축	출	토	글	테	리	울	방	인	색
일	판	마	저	추	감	뜨	선	브	질
생	사	토	톱	배	자	풍	깨	로	소
파	도	타	기	양	왕	리	콜	박	채
리	러	셀	전	닌	자	달	팽	이	수

정답 _____

_____ _____

채소 색칠하기

섞어 동물을 만들어요!

변신! 머리 모양을 바꿔요!

다른 그림 찾기! 5탄!

펑펑! 폭발이 일어나요!

고르곤졸라가 폭발한 날

콘코사우루스가 폭발한 날

대폭발 그리기

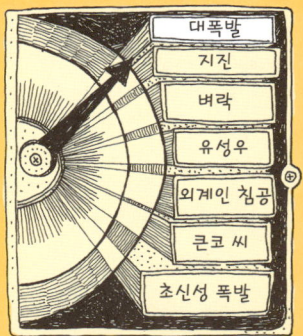

내가 '재난' 조절 다이얼을 대폭발로 맞춰 놨어. 자, 이제 네 차례야. 멋진 대폭발을 그려 봐.

동물 이름 알아맞히기

글자들이 뒤죽박죽 섞여 버렸어. 네가 제대로 해 줄래?

씨나당귀

_____

어인상들식

_____

키실

_____

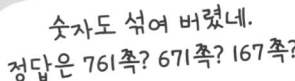

하리구개마

졸곤라르고

릴고대거라

끼이이익!! 색칠하기

꼭 '끼이이익!!'만 색칠해야 해.

숨겨진 단어를 찾아라! 5탄!

〈제시 단어〉들을 가로세로, 대각선으로 찾아봐. 남는 글자들로 '65층 나무 집'과 관련된 단어 4개를 만들면 돼.

168쪽에 가지 마. 확 문다!

〈제시 단어〉

현명한부엉이, 슈퍼뽁뽁
이집트코브라
생일축하파티방
거대스핑크스, 춥파춥춥

개미아파트
활쏘기방, 모래늪
개미조상님, 경사로
파라오, 테리, 앤디

나무집, 풍선연주방
질, 인간복제기
뽁뽁이감독관
생일되돌리기방

트	디	관	독	감	이	뽁	뽁	퍼	슈
파	사	앤	신	엉	집	로	소	형	춥
아	루	우	부	머	트	사	질	춥	초
미	스	한	스	임	코	경	파	초	생
개	명	인	크	타	브	춥	초	일	일
현	코	간	핑	파	라	오	축	님	되
활	큰	복	스	붕	어	하	상	금	돌
확	쏘	제	대	금	파	조	순	테	리
성	기	기	거	티	미	집	무	나	기
모	래	늪	방	개	풍	선	연	주	방

정답 _____   _____

_____   _____

다른 하나를 찾아라! 1탄!

"실키야, 힌트 좀 줘!"

"멍청씨 교수가 이건 못 없앴다옹."

하늘을 나는 순무 오토바이

뜨거운 아이스크림

개구리하마

숟가락연필

펭귄들

← 숟가락연필

그림

"그래도 모르겠어? 169쪽에 가 봐."

실감 나는 음향 효과 만들기

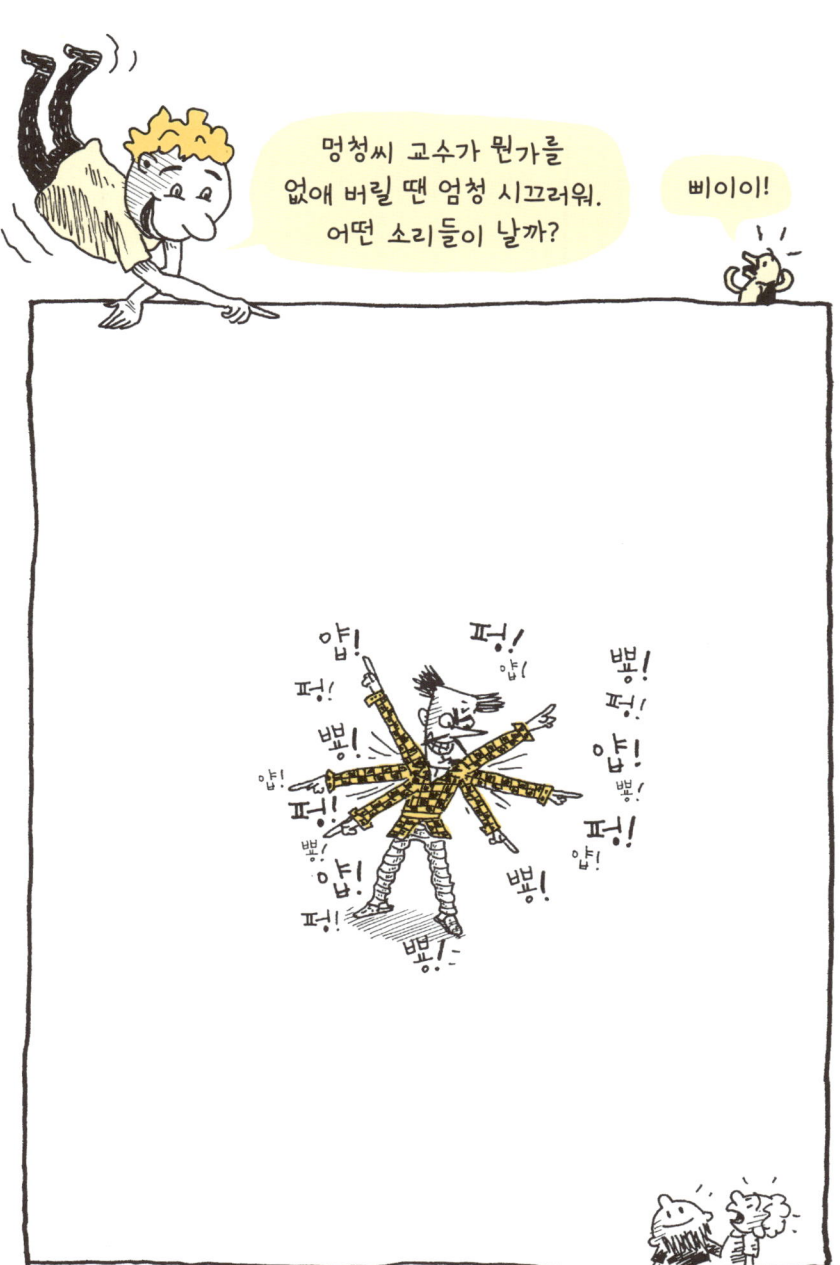

채소로 변장해요!

색칠해! 안 그랬단 봐!

13초 광고 시간

 이건 내 발명품들의 광고야.

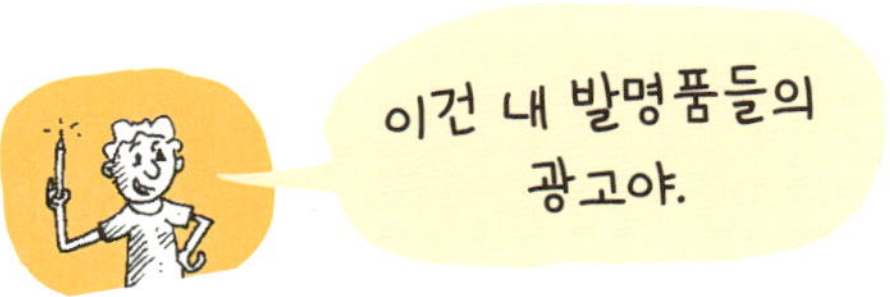

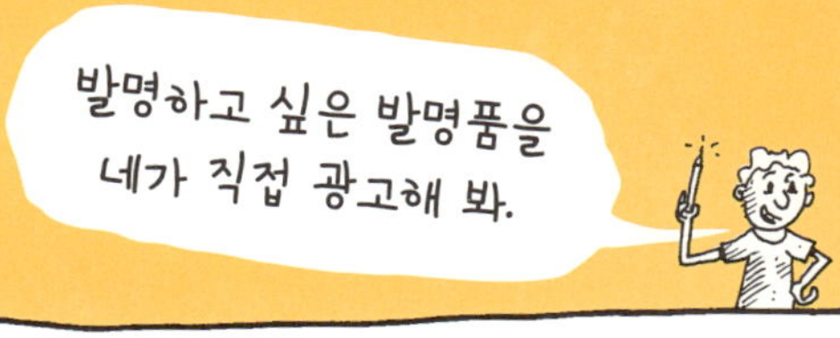

발명하고 싶은 발명품을 네가 직접 광고해 봐.

미션! 채소를 증발시켜라!

 세상에서 제일 맛없는 채소가 뭐야? 증발시켜 버리자! 광선 앞에 그리면 사라질 거야.

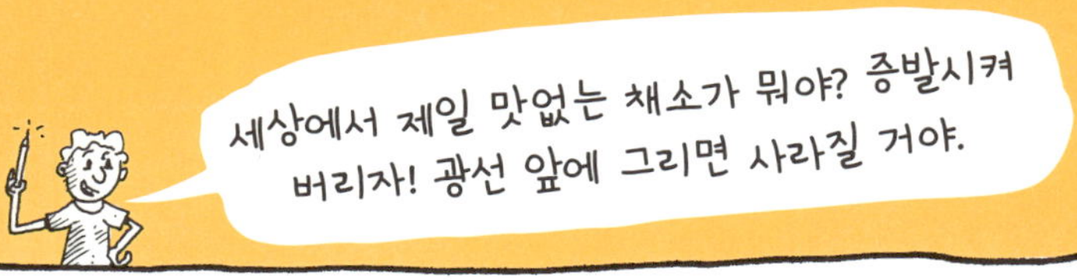

마음껏 먹어요!

우리한테 마시멜로 발사기가 있는데, 배고플 때마다 입속에 마시멜로를 쏴 줘. 배가 터질 때까지 말이야.

 너한테 저런 발사기가 있다면, 뭐가 나왔으면 좋겠니?

이제는 안전해요!

앤디, 뒤를 조심해!

테리, 뒤를 조심해!

후루룩 짭짭! 맛나는 시간

나무 집에는 레모네이드 분수, 초콜릿 폭포, 마시멜로 발사기, 에드워드 막퍼줘 로봇이 운영하는 78가지 맛 아이스크림 가게 등 먹을거리들이 엄청 많아.

레모네이드 분수

초콜릿 폭포

마시멜로 발사기

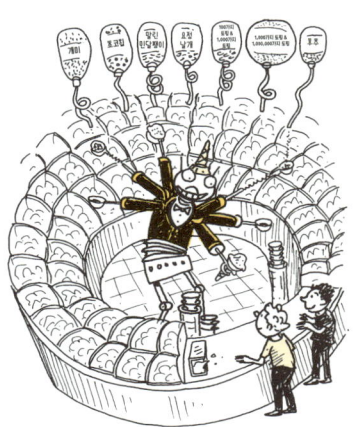
아이스크림 가게

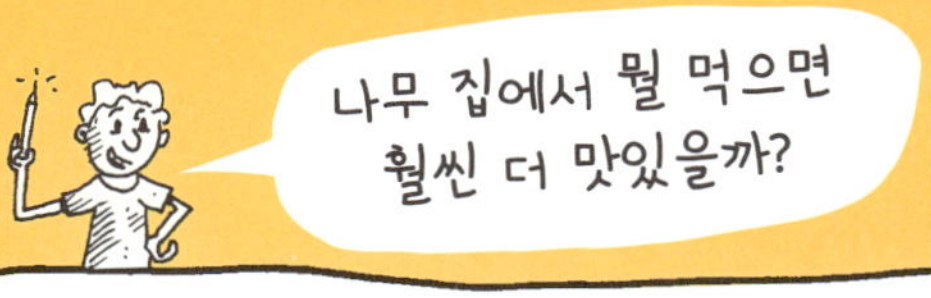

나무 집에서 뭘 먹으면 훨씬 더 맛있을까?

이야기 뚝딱 시간

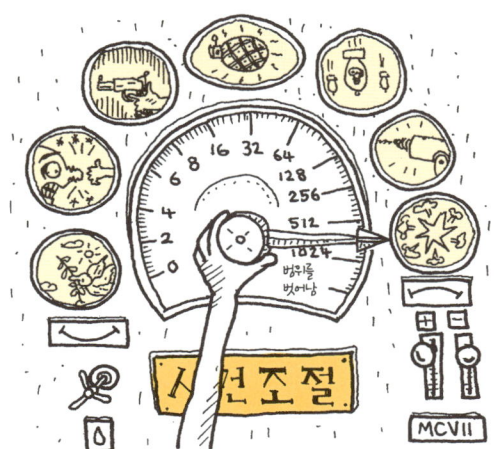

난 동물 이야기가 좋아. 적당히 사랑 이야기가 있어도 좋겠지?

넌 어떤 이야기를 좋아하니?

나는 _____

_____

_____

_____ 이야기를 좋아해.

우당탕! 충돌 색칠하기

표지 색칠하기

책 표지를 빨리 색칠하지 않으면, 내가 먹어 버릴 거야. 쩝쩝!

큰코 출판사

채소 끝장내기

채소 질색 지음

나무 집 암호 풀기

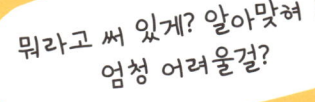

하나도 안 어려운데. 170쪽에 정답!

이 암호도 풀어 줘.

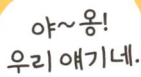 야~옹! 우리 얘기네.

 정답은 173쪽에 있다옹.

꼭꼭 숨은 유니콘 찾기

너무 쉽잖아!

REE-NN 동물 뉴스

유니콘을 집에 데려가고 싶은데, 그림 속에 숨어 버렸어. 네가 찾아 줄래?

꼬르륵! 배고픈 애벌레 이야기

우리는 '52층 나무 집'에서 만났지?
나 혼자 다 먹을 수 있게
빈칸을 채워서 이야기를 완성해 줘.

정말정말 배고픈 애벌레는

하늘을 나는

_____

한 대를 먹었고,

거대한 검은새

―― ―― ―― ,

도로 공사용

―― ―― ―― ――

두 대,

코뿔소 _____,

미친 듯이 ___을 펄럭대는
_____ 네 개,

커다란 _____

　　　다섯 마리,

주름투성이 _____ 한 개,

창으로 만든
성벽 한 개,

셀러리로 만든
문 한 개를 먹었다.

176~178쪽으로 가면
나도 먹을 수 있을까?

옛날 옛적에······

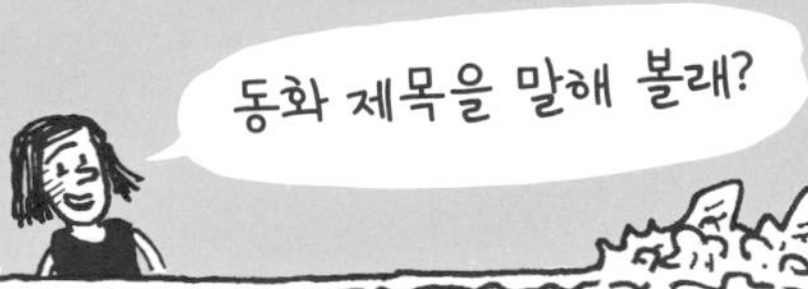

동화 제목을 말해 볼래?

26층 나무 집이 힌트다!

두 아이가 숲 속에서 길을 잃고 헤매다가,
우연히 과자로 만들어진 집을 발견했어.

ㅎ ㅔ ㄴ ____ ____

과

ㄱ ____ ____ ____

131

한 아이가 편찮으신 할머니에게 음식을
가져다 드리는 길에 늑대를 맞닥뜨렸어.

뿌 ___ ___ ___ ___ ___

___ ___ ___ ___

왕자는 유리 구두 한 짝의 주인을 찾으려고
온 왕국을 뒤지고 다녔어.

ㅅ ___ ___ ___ ___

___ ___ ___ ___

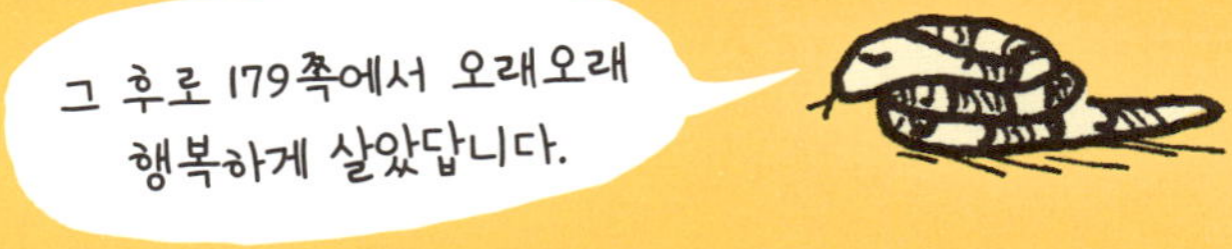

그 후로 179쪽에서 오래오래
행복하게 살았답니다.

누가 하는 말일까?

 어딘가 이상하지 않아? 맞아. 말풍선들이 뒤죽박죽 섞여 있어. 누가 어떤 말을 하는지, 제대로 연결해 줄래?

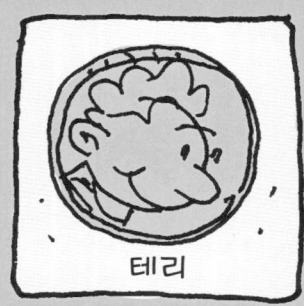
테리

말도 안 돼! 말도 안 되지만, 괜찮을 것 같은데!

왈왈 짖는 멍멍이

상어들이 아파! 내 팬티를 삼켜 버렸거든!

앤디

왈왈! 왈왈! 왈왈! 왈왈!

"이번에도 도와주겠소.
180쪽으로 따라오시오."

큰코 씨

"바·나·나!
바·나·나!"

질

"따지지 마!
말씨름할 시간도
없어!"

거대 고릴라

"나를 이렇게
작게 만들고
가 버리면 어떡해."

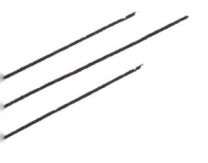

저녁 식사 시간

애들아, 밥 먹자! 밥그릇에 이름 적어 뒀으니까 잘 찾아서 먹어. 알았지?

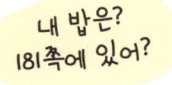

땡땡! 전차를 타고 가요!

 길을 계속 이어서 그려 봐.

다른 하나를 찾아라! 2탄!

난 모르겠어. 너무 어려워.

우리 집에 살지 않는 동물이 있다옹.

당나귀 씨

팻

하늘을 나는 고양이, 실키

아기 공룡들

모

정답은 182쪽에 있음매.

나무 집 색칠하기

나무 집 퀴즈! 참과 거짓

참일까, 거짓일까? 〈나무 집〉을 다 읽었다면 13초 만에 풀 수 있어.

참 거짓

☐ ☐ 1. 실키는 내가 제일 좋아하는 애완동물이다.

☐ ☐ 2. 큰코 씨는 성질이 더럽다.

☐ ☐ 3. 닌자 달팽이들은 아주 재빠르게 움직인다.

☐ ☐ 4. 앤디와 테리는 13층 옥탑방에 산다.

☐ ☐ 5. 나는 동물들과 한집에 같이 산다.

☐ ☐ 6. 앤디와 테리는 채소를 좋아한다.

☐ ☐ 7. 빌 아저씨는 경찰관이다.

☐ ☐ 8. 테리는 실키를 노란색으로 칠했다.

☐ ☐ 9. 코끼리 아저씨는 펀치왕이다.

☐ ☐ 10. 앤디와 테리는 동물원에 있는 원숭이 집에서 일한 적이 있다.

☐ ☐ 11. 자판기는 자동판매기의 약자이다.

☐ ☐ 12. 감자 왕자는 앤디와 테리를 정말 좋아해서 함께 즐거운 시간을 보내고 있다.

☐ ☐ 13. 나무 집에는 속이 훤히 비치는 투명 수영장이 있다.

정답은 183쪽에 있어. 참일까, 거짓일까?

다른 하나를 찾아라! 3탄!

 이번엔 내가 힌트를 줄게.
인간이 아니래.

앤디

테리

에드워드 막퍼줘

큰코 씨

우체부 빌 아저씨

아이스크림 먹으러 184족에 갈래?

나무 집 퀴즈! 가로세로 낱말 퍼즐

어서 와. 이런 퍼즐은 처음이지?

<가로>

1. 나무 집을 쓴 사람의 이름
3. 채소들에게 부모를 잃고, 닥치는 대로 채소를 먹어 치워서 복수하겠다고 다짐한 복수주의자
5. 앤디와 테리가 목마를 때 가서 마시는 상큼한 ＿＿＿＿＿＿ 분수
7. 자동 판박이 기계의 약자
9. 고양이와 노란 카나리아를 합친 말
10. 큰코 사장님 실종 사건의 단서를 찾아 앤디와 테리가 사무실로 타고 간 교통수단. 하늘을 나는 ＿＿＿＿＿＿ 자동차
12. 앤디와 테리, 질을 사로잡은 해적. 가장 악명 높은 해적 ＿＿＿＿＿ 선장

<세로>

2. 나무 집을 차지한 해적 일당들이 매달려 타고 놀던 9인승짜리 그네
4. 앤디와 테리, 뽁뽁이 감독관이 타고 시간여행을 한 ＿＿＿＿＿ 타임머신
6. 테리가 달팽이 무리를 훈련시켜 만들려는 ＿＿ 달팽이
8. 앤디와 테리, 뽁뽁이 감독관이 이집트코브라 무리 속을 빠져나오려고 만든 것
9. 식탐이 많고 쿠리쿠리한 치즈 냄새가 나는 세상에서 가장 역겨운 물고기 이름
11. 나무 집을 그린 사람의 이름
12. 13층씩 커지는 세계적인 베스트셀러. 13층 ＿＿＿, 26층 ＿＿＿, 39층 ＿＿＿, 52층 ＿＿＿, 65층 ＿＿＿
13. 에드워드 막퍼짐가 운영하는 787가지 맛 ＿＿＿＿＿ 가게
14. 멍청씨 교수가 없애 버린 것들 중 하나. 하늘을 나는 ＿＿ 오토바이

어렵다고 185쪽을 먼저 보면 안 돼.

함정에 빠뜨리자!

동물들 선을 덧그려서, 앤디를 골탕 먹여 볼까? 나를 도와줘! 빨리!

차마 못 보겠어.

나도.

짜릿한 거대 새총 놀이

둥둥! 반중력 방 떠다니기

 모두들 이제까지 쓰고 그리고 문제를 푸느라 재밌었겠지만, 그걸 만드느라 난 완전히 지쳐 버렸어.

나도. 우리 반중력 방에 가서 좀 쉬자.

 하지만 난 반중력 방에서 쉬는 우리를 또 그려야 하잖아.

독자 여러분한테 그려 달라고 하면 어때?

 좋은 생각이다, 질!

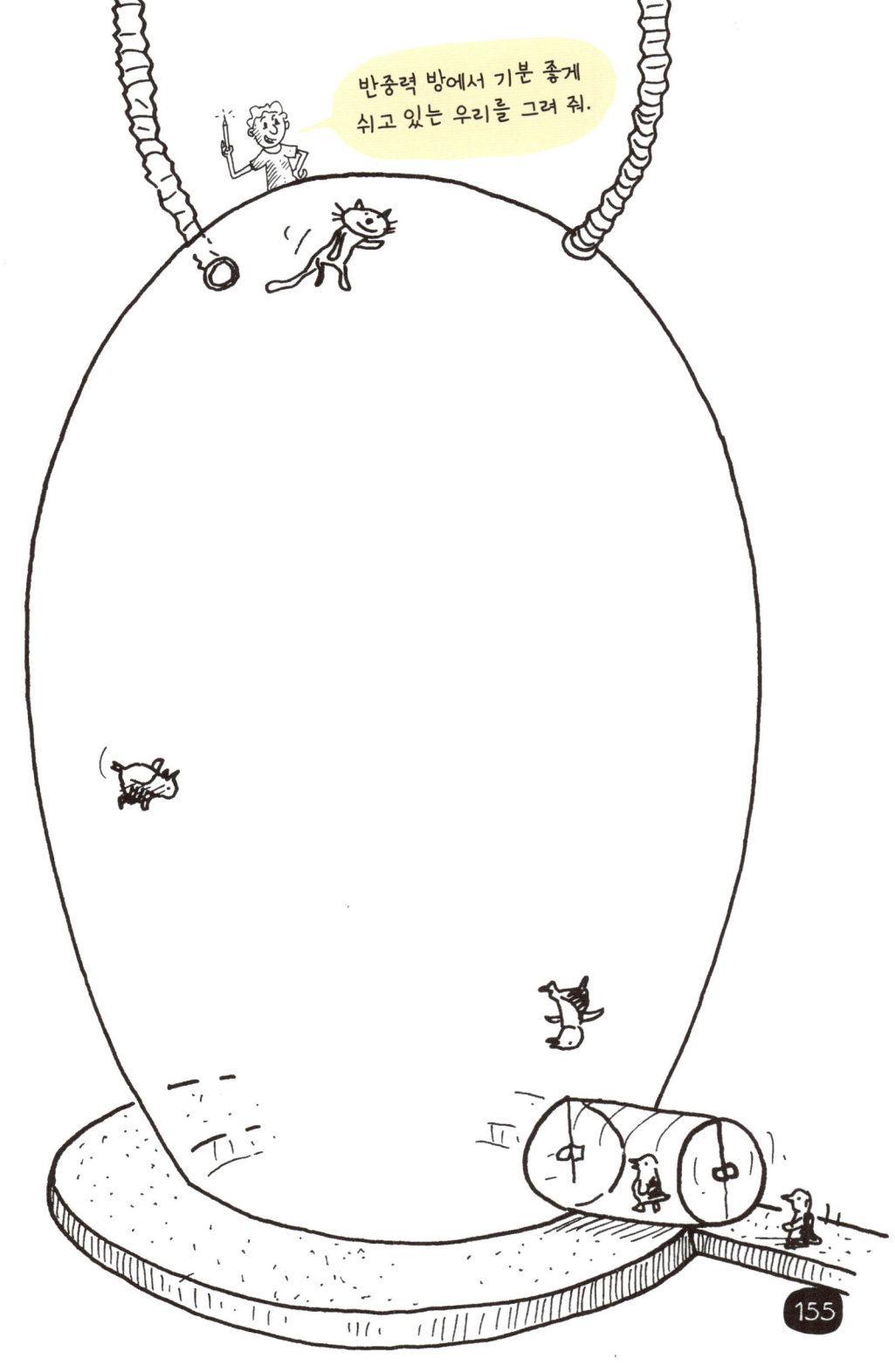

다른 그림 찾기! 1탄! (36~37쪽)

다른 그림 찾기! 2탄! (46~47쪽)

죽음의 미로를 탈출하라! (50쪽)

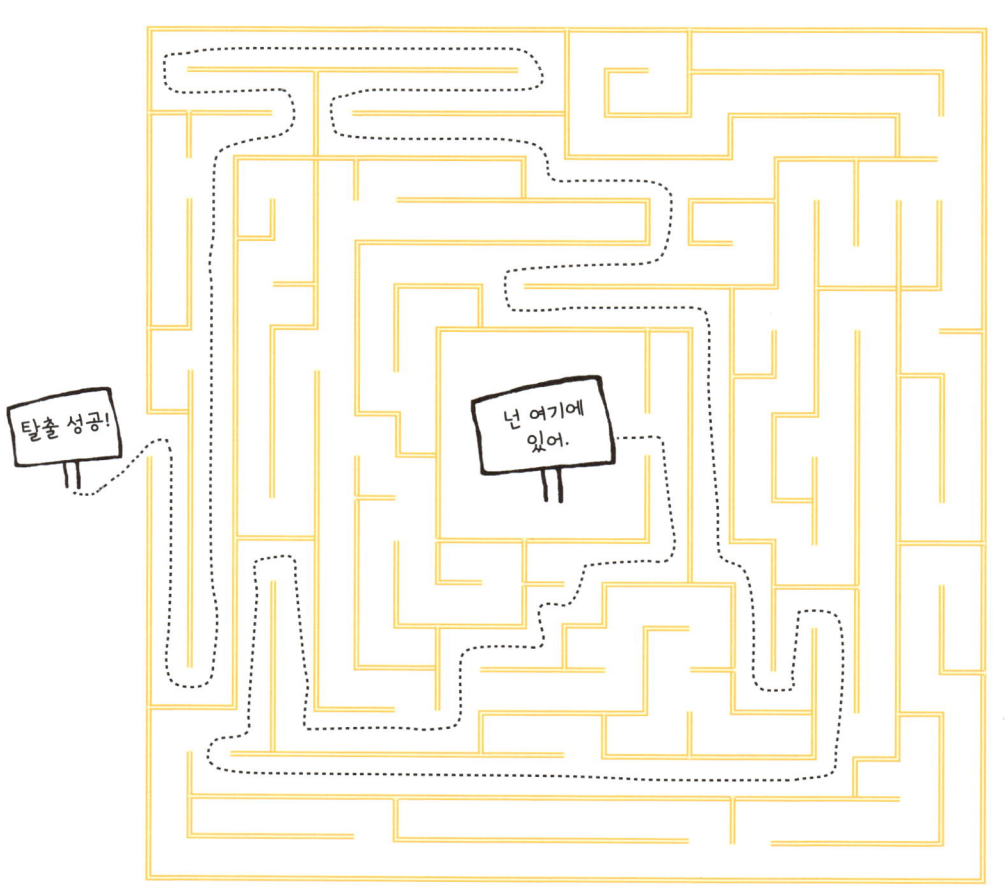

숨겨진 단어를 찾아라! 1탄! (52쪽)

쇼	마	기	대	학	나	나	바	아	키
왈	거	대	고	릴	라	다	리	실	투
왈	비	바	슈	퍼	고	나	테	방	명
의	디	앤	다	물	고	물	임	식	수
이	오	덩	축	원	멜	게	인	분	영
멍	폰	소	굴	씨	숭	상	드	어	장
멍	기	지	가	그	어	이	가	링	종
비	밀	아	하	수	네	손	볼	락	새
시	어	실	조	모	빌	아	저	씨	대
인	실	험	레	로	나	나	바	대	거

정답: 마시멜로, 슈퍼손가락, 지하비밀실험실

내 이름은 슈퍼 손가락. 손가락으로 해결할 수 있는 문제를 찾아 해결하는 것, 그게 내가 즐겨 하는 일이지.

숨겨진 단어를 찾아라! 2탄! (58쪽)

죽	디	아	이	스	스	케	이	트	장
비	음	장	기	경	탕	흙	진	선	기
베	개	의	방	임	게	오	리	테	경
식	인	력	미	모	네	머	이	자	카
상	중	선	레	로	무	오	드	동	퍼
반	집	적	고	나	리	아	디	판	범
어	무	해	르	배	퍼	줘	앤	박	에
로	나	분	곤	막	림	크	스	이	아
수	데	수	졸	키	볼	링	장	기	드
조	폰	오	라	실	음	녹	드	계	워

정답: 식인상어수조
　　　에드워드막퍼줘
　　　비디오폰
　　　레모네이드분수

숨겨진 단어를 찾아라! 3탄! (65쪽)

포	관	물	박	나	거	말	나	거	밑
수	폭	순	무	오	토	바	이	트	마
반	교	집	장	코	스	디	램	하	목
장	중	씨	릿	콜	초	떨	리	활	전
롤	링	력	청	스	린	구	화	테	회
러	코	볼	방	멍	개	산	드	달	리
뜨	거	운	아	이	스	크	림	의	드
터	디	생	일	카	레	대	질	뒤	랜
앤	필	연	락	가	숲	스	폭	편	즈
계	기	딱	뚝	기	야	이	엑	발	치

정답: 초콜릿폭포
　　　생일카드
　　　롤러코스터

다른 그림 찾기! 3탄! (68~69쪽)

알쏭달쏭 나무 집 퀴즈! (74~75쪽)

1. 테리와 사랑에 빠진 바다 괴물의 이름은?

   인어 아가씨

2. 앤디와 테리가 가장 끔찍해하는 일(직업)은?

   동물원에 있는 원숭이 집에서 일하기

3. 테리가 제일 좋아하는 TV 프로그램 제목은?

   멍멍이의 왈왈 쇼

4. 테리는 실키를 무슨 색으로 칠했을까?

   노란색

5. 앤디와 테리가 계약한 출판사 사장의 이름은?

   큰코 씨(큰코 사장님)

6. 앤디와 테리와 나를 사로잡은 해적 선장의 이름은?

   나무머리 선장

7. 에드워드 막퍼쥐의 아이스크림 가게에는 몇 가지 맛 아이스크림이 있을까?

   78가지

다른 그림 찾기! 4탄! (78~79쪽)

숨겨진 단어를 찾아라! 4탄! (80쪽)

정답: 방울양배추, 토마토, 브로콜리, 셀러리

다른 그림 찾기! 5탄! (90~91쪽)

동물 이름 알아맞히기 (94~95쪽)

 당나귀씨

 식인상어들

 실키

 개구리하마

 고르곤졸라

 거대고릴라

숨겨진 단어를 찾아라! 5탄! (97쪽)

트	디	관	독	감	이	뽁	뽁	퍼	슈
파	사	앤	신	엉	집	로	소	형	춥
아	루	우	부	머	트	사	질	춥	초
미	스	한	스	임	코	경	파	초	생
개	명	인	크	타	브	춥	초	일	일
현	코	간	핑	파	라	오	축	님	되
활	큰	복	스	붕	어	하	상	금	돌
확	쏘	제	대	금	파	조	순	테	리
성	기	기	거	티	미	집	무	나	기
모	래	늪	방	개	풍	선	연	주	방

정답: 초초초소형확성기, 큰코사우루스, 타임머신, 순금금붕어

다른 하나를 찾아라! 1탄! (98쪽)

정답: 숟가락연필
  (숟가락연필은 멍청씨 교수가 없애 버리지 못했다.)

나무 집 암호 풀기 (119쪽)

정답: 테리는 정말 바보

나무 집 암호 풀기 (120쪽)

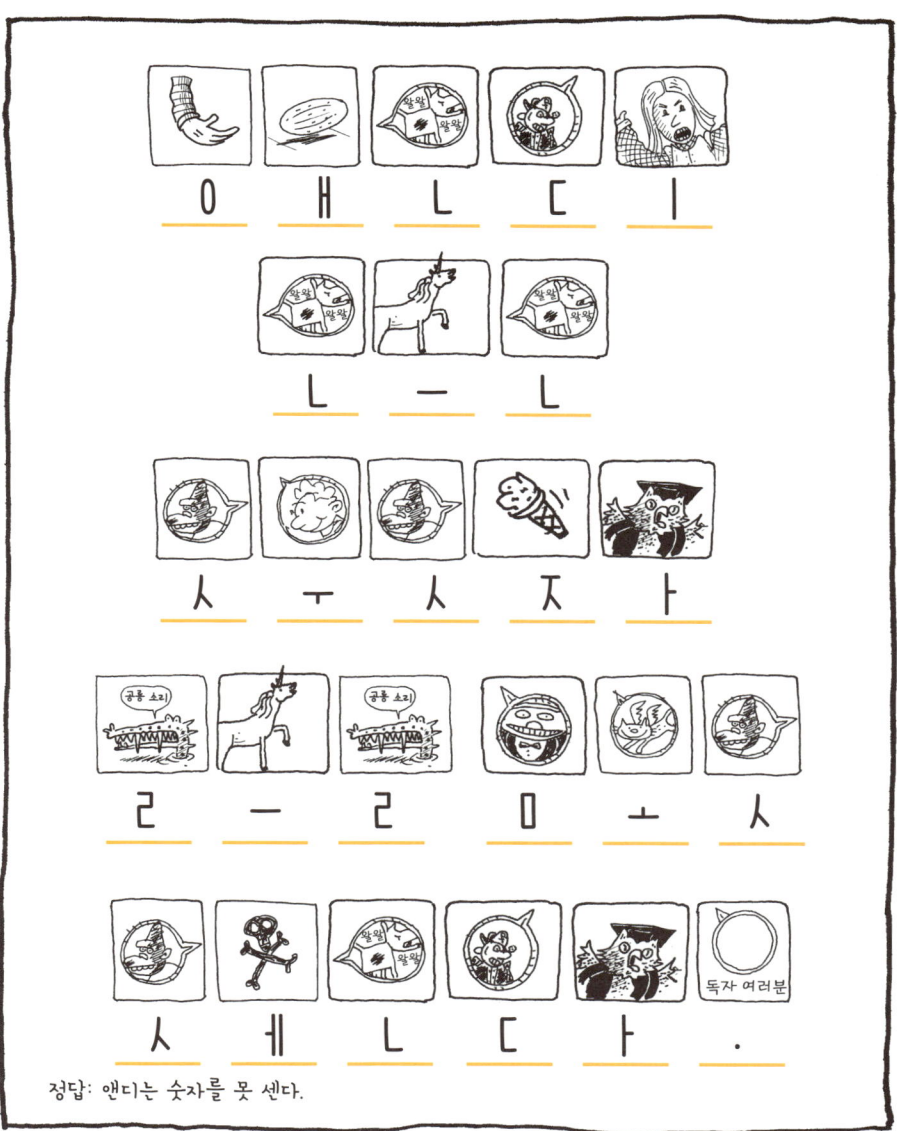

나무 집 암호 풀기 (121쪽)

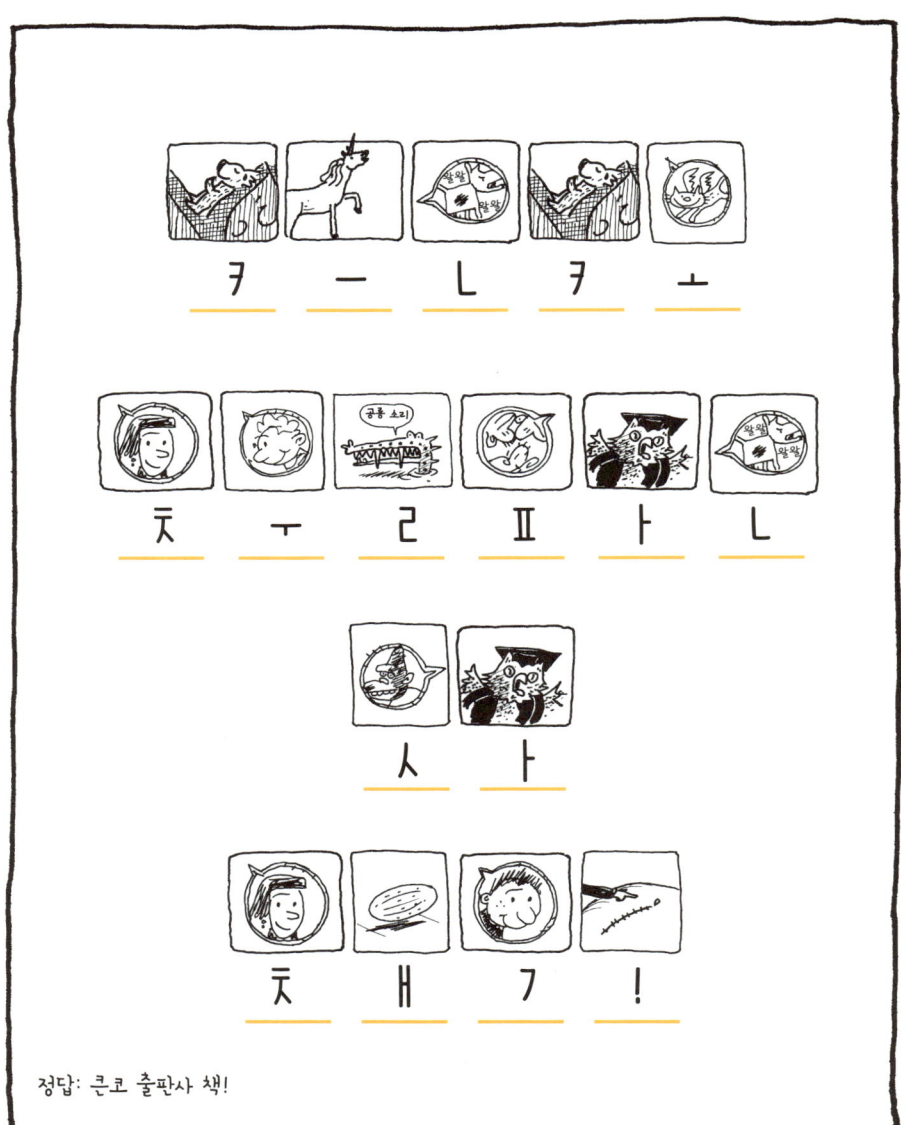

나무 집 암호 풀기 (122쪽)

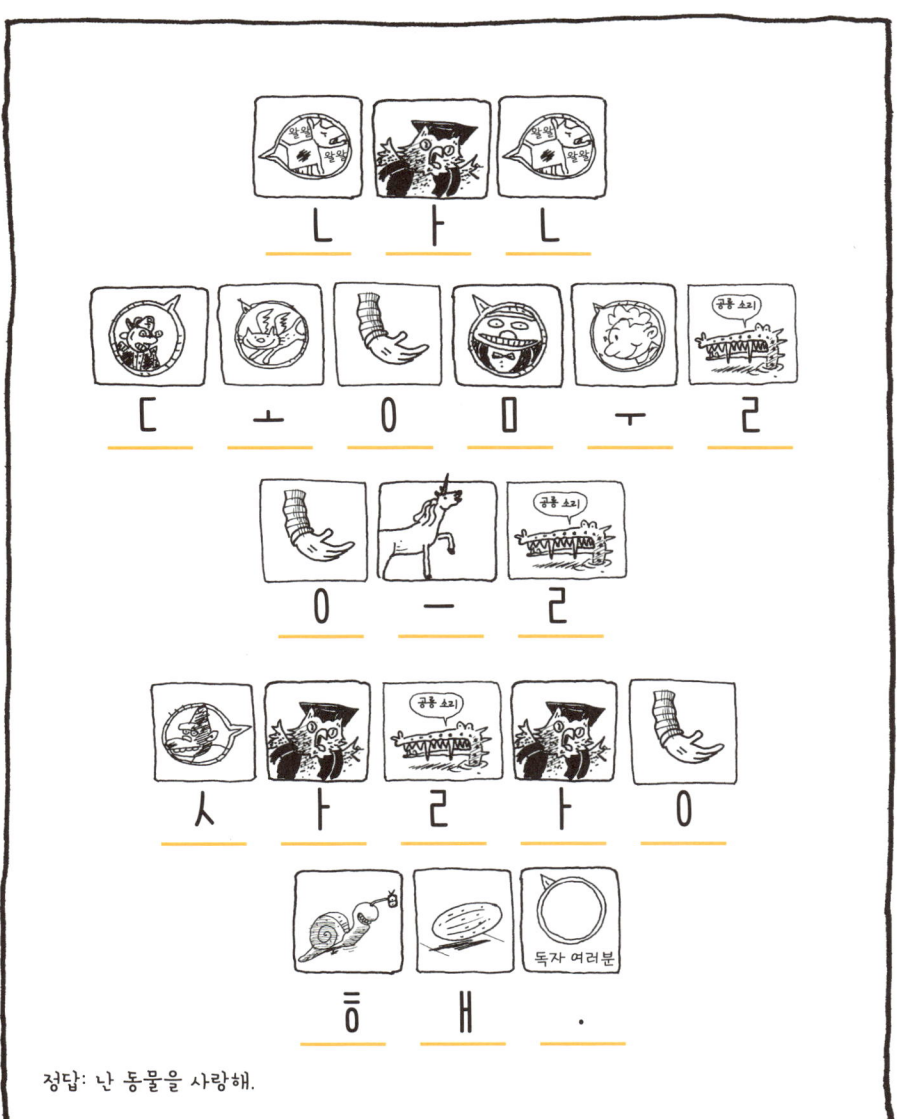

나무 집 암호 풀기 (123쪽)

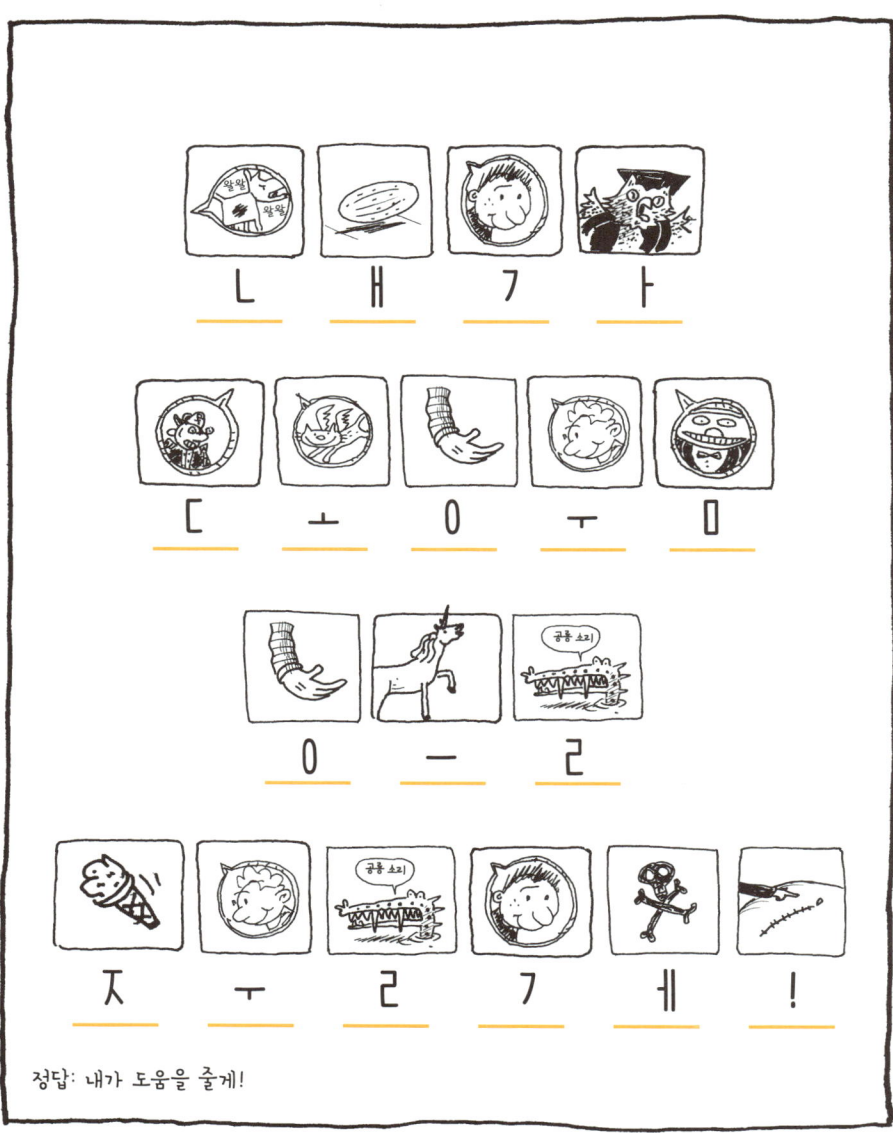

꼭꼭 숨은 유니콘 찾기 (124~125쪽)

꼬르륵! 배고픈 애벌레 이야기 (126~130쪽)

126쪽

정말정말 배고픈 애벌레는

하늘을 나는

달걀프라이자동차

한 대를 먹었고,

127쪽

거대한 검은 새

한 마리,

127쪽

도로 공사용

스팀롤러차

두 대,

128쪽

코뿔소 <u>세 마 리</u>,

128쪽

미친 듯이 <u>팔</u>을 펄럭대는 <u>풍 선 인 형</u> 네 개,

129쪽

커다란 <u>돌 연 변 이 거 미</u> 다섯 마리,

129쪽

주름투성이 <u>토 마 토</u> 한 개,

130쪽

<u>아 스 파 라 거 스</u>
창으로 만든
성벽 한 개,

130쪽

셀러리로 만든
<u>지 하 감 옥</u> 문 한 개를 먹었다.

옛날 옛적에······ (131~133쪽)

131쪽

ㅎ ㅔ ㄴ ㅈ ㅔ ㄹ
과
ㄱ ㅡ ㄹ ㅔ ㅌ ㅔ ㄹ

정답: 헨젤과 그레텔

132쪽

ㅃ ㅏ ㄹ ㄱ ㅏ ㄴ
ㅁ ㅗ ㅈ ㅏ

정답: 빨간 모자

133쪽

ㅅ ㅣ ㄴ ㄷ ㅔ
ㄹ ㅔ ㄹ ㄹ ㅏ

정답: 신데렐라

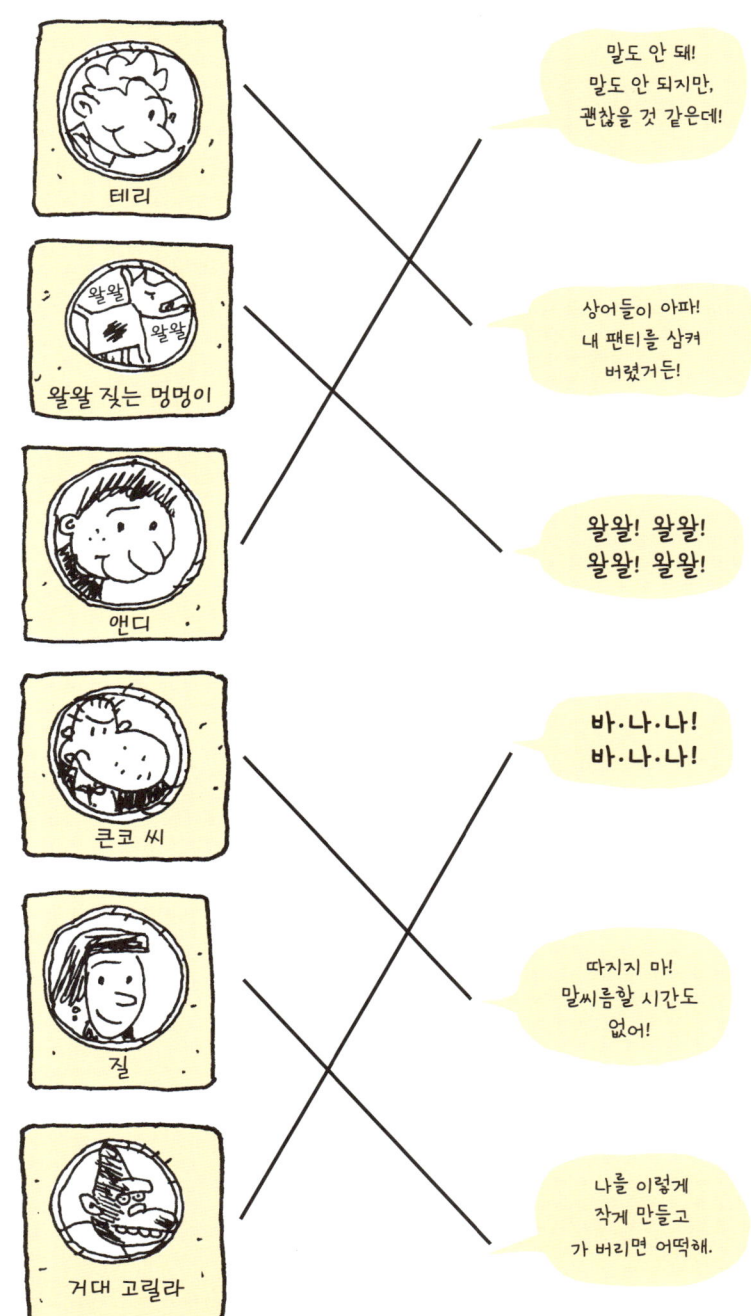

저녁 식사 시간 (138~139쪽)

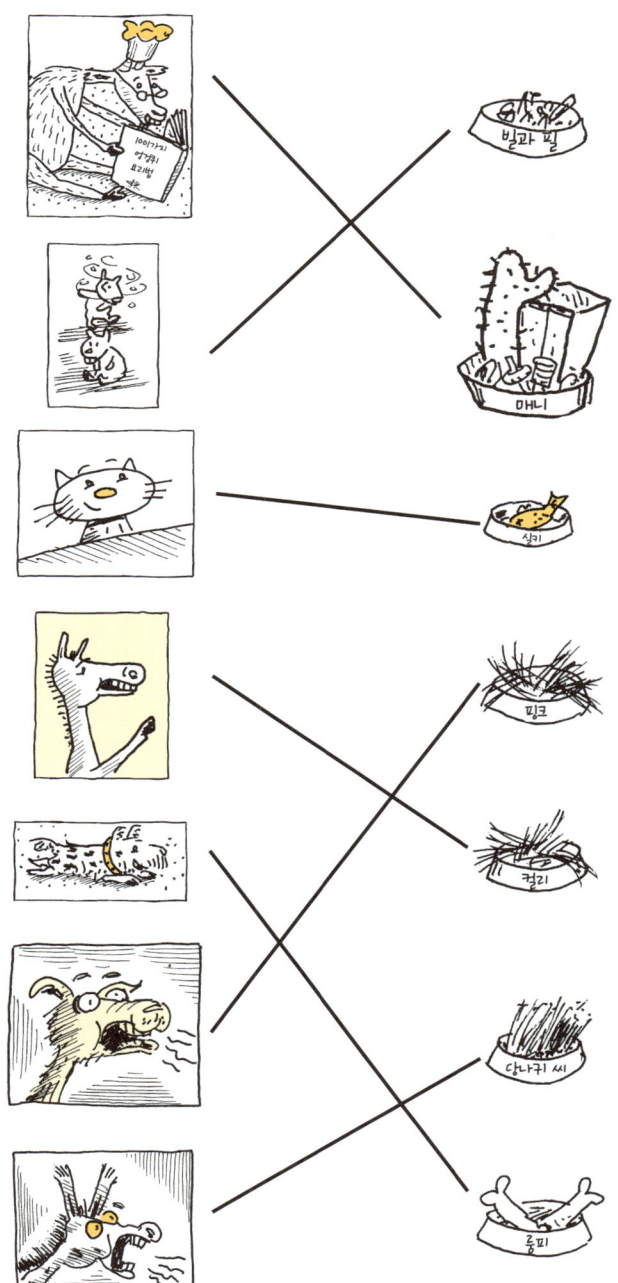

다른 하나를 찾아라! 2탄! (142쪽)

정답: 아기 공룡들
 (아기 공룡들은 나무 집에 살지만, 다른 동물들은 진흙 집에 산다.)

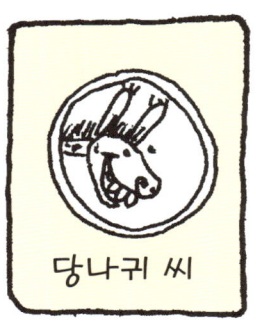
당나귀 씨

팻

하늘을 나는 고양이, 실키

아기 공룡들

모

나무 집 퀴즈! 참과 거짓 (144쪽)

참 거짓

- ☑ ☐ 1. 실키는 내가 제일 좋아하는 애완동물이다.
- ☑ ☐ 2. 큰코 씨는 성질이 더럽다.
- ☐ ☑ 3. 닌자 달팽이들은 아주 재빠르게 움직인다.
- ☐ ☑ 4. 앤디와 테리는 13층 옥탑방에 산다.
- ☑ ☐ 5. 나는 동물들과 한집에 같이 산다.
- ☐ ☑ 6. 앤디와 테리는 채소를 좋아한다.
- ☐ ☑ 7. 빌 아저씨는 경찰관이다.
- ☑ ☐ 8. 테리는 실키를 노란색으로 칠했다.
- ☑ ☐ 9. 코끼리 아저씨는 펀치왕이다.
- ☑ ☐ 10. 앤디와 테리는 동물원에 있는 원숭이 집에서 일한 적이 있다.
- ☐ ☑ 11. 자판기는 자동판매기의 약자이다.
- ☐ ☑ 12. 감자 왕자는 앤디와 테리를 정말 좋아해서 함께 즐거운 시간을 보내고 있다.
- ☑ ☐ 13. 나무 집에는 속이 훤히 비치는 투명 수영장이 있다.

다른 하나를 찾아라! 3탄! (145쪽)

정답: 에드워드 막퍼줘
　　　(에드워드 막퍼줘만 로봇이고, 나머지는 인간이다.)

앤디

테리

에드워드 막퍼줘

큰코 씨

우체부 빌 아저씨

나무 집 퀴즈! 가로세로 낱말 퍼즐 (146~147쪽)

¹앤	디			²덩		³채	소	질	색
				굴					
		⁴쓰		그				⁸뱀	
⁶닌		⁵레	모	네	이	드		사	
⁷자	판	기						다	
		통				⁹고	나	리	¹³아
	¹⁴순		¹¹테			르			이
¹²나	무	머	리			곤			스
무						졸			크
집			¹⁰달	걀	프	라	이		림

지은이 앤디 그리피스
'뉴욕타임스 베스트셀러' 작가이자, 호주에서 가장 유명한 어린이책 작가 중 한 명이다. 거칠지만 신나는 모험 이야기가 가장 자신 있다는 작가는, 호주 베스트셀러 목록에 늘 1위를 차지할 만큼 다양한 연령대의 독자들에게 열렬한 지지를 받고 있다. 그의 작품은 공연과 TV 프로그램으로 각색되기도 했다. 〈나무 집〉 시리즈는 우리나라에 소개되는 작가의 첫 작품이다.
홈페이지 www.andygriffiths.com.au

그린이 테리 덴톤
호주에서 아주 인기가 많은 작가이자 일러스트레이터이다. 유쾌하고 별나지만, 때로는 따뜻한 그림으로 전 세계 어린이들의 사랑을 받고 있다. 다수의 어린이책에 그림을 그리고 글도 썼다. 쓰고 그린 책으로《Brain Up:머리가 좋아지는 매직 드로잉》,《물개 선장, 집으로 가다》,《It's True! 비행기》들이 있고, 그린 책으로《엄마가 되어 줄게》,《중국의 시작》들이 있다.

옮긴이 장혜란
오랫동안 출판사에서 아동청소년책 편집자로 일하고 있다. 《13층 나무 집》을 시작으로 〈나무 집〉 시리즈를 편집하고 있다.
시공주니어 홈페이지 www.sigongjunior.com
시공주니어 카페 http://cafe.naver.com/sigongjunior